Maximilian Stangier

Die Steuerung und Kontrolle von Lernprozessen in Unternehmungen – Bildungscontrolling als umfassende Lösung

GRIN Verlag

Bibliografische Information der Deutschen Nationalbibliothek:

Die Deutsche Bibliothek verzeichnet diese Publikation in der Deutschen National-
bibliografie; detaillierte bibliografische Daten sind im Internet über http://dnb.d-
nb.de/ abrufbar.

Impressum:

Copyright © 2009 GRIN Verlag, Open Publishing GmbH
Druck und Bindung: Books on Demand GmbH, Norderstedt Germany
ISBN: 978-3-640-82879-1

Dieses Buch bei GRIN:

http://www.grin.com/de/e-book/166611/die-steuerung-und-kontrolle-von-lernpro-
zessen-in-unternehmungen-bildungscontrolling

GRIN - Your knowledge has value

Der GRIN Verlag publiziert seit 1998 wissenschaftliche Arbeiten von Studenten, Hochschullehrern und anderen Akademikern als eBook und gedrucktes Buch. Die Verlagswebsite www.grin.com ist die ideale Plattform zur Veröffentlichung von Hausarbeiten, Abschlussarbeiten, wissenschaftlichen Aufsätzen, Dissertationen und Fachbüchern.

Besuchen Sie uns im Internet:

http://www.grin.com/

http://www.facebook.com/grincom

http://www.twitter.com/grin_com

Die Steuerung und Kontrolle von Lernprozessen in Unternehmungen –
Bildungscontrolling als umfassende Lösung

Referatsarbeit

Aus dem Seminar: „Betriebliches Bildungsmanagement"

Modul: „06003 - Kompetenzentwicklung, Berufsbildungspolitik und Bildungsmanagement in der Aus- und Weiterbildung

Autor:

Maximilian Stangier

2009

Inhaltsverzeichnis

1. Einleitung

In Zeiten von Wirtschaftskrise, Firmensterben und Entlassungswellen müssen sich in Unternehmen sämtliche Ausgaben auf dem Prüfstand beweisen. Es gilt den unmittelbaren Beitrag zum Unternehmenserfolg festzustellen. Davon nicht ausgenommen sind auch Personalentwicklungsmaßnahmen, in erster Linie die berufliche Weiterbildung. Seit den 70er Jahren ist sie fester Bestandteil des gesamten Bildungswesens und bildet als vierte Säule den so genannten Quartärbereich der Bildung (vgl. Dehnbostel 2008, S.12).

Gerade die berufliche Weiterbildung unterlag allerdings, und unterliegt heute mehr denn je, der kritischen Betrachtung unter Finanzierungsaspekten, Markt- und Wettbewerbsorientierung und damit immer auch Ökonomisierungstendenzen (vgl. Behrmann 2006, S.44f). Eine gute Organisationsführung sucht, nach einschlägiger betriebswirtschaftlicher Übereinkunft, grundsätzlich nach wirksamen Steuerungs- und Führungsinstrumenten, um mit geringen Kosten maximale Ergebnisse zu erzielen. In der betrieblichen Praxis bedeutet dies, die Verantwortung für die Kontrolle von Personalentwicklung und Weiterbildung zu klären und den dann jeweils Verantwortlichen aufzuerlegen, ökonomische Klarheit in das Engagement „Personalentwicklung und betriebliche Bildung" zu bringen. Das betriebswirtschaftliche Erkenntnisziel ist auf die Analyse, die Erklärung und die effiziente Gestaltung der jeweiligen Personalentwicklungsmaßnahme gerichtet (vgl. Becker 2005, S.219).

In der Stunde der Prüfung ist nun also gut dran, wer auf fundierte, wirksame und auf den Transfer ausgerichtete Instrumente der Weiterentwicklung und zudem noch auf einen Zusammenhang zwischen Investition und Ertrag im Bereich der Bildung verweisen kann (vgl. Grote 2009, S.1). Leisten soll dies „Bildungscontrolling". Neben Personalentwicklungscontrolling, betrieblichem Bildungsmanagement oder einfach Bildungsmanagement ist Bildungscontrolling einer der neueren Begriffe, welcher versucht, der Unternehmung eine transparente Kosten-Nutzen-Analyse von betrieblicher Weiterbildung zu erstellen, die Rede ist vom „Return-on-Investment" (vgl. Kellner 2006, S.9).

Diese Arbeit stellt die schriftliche Ausarbeitung zu einem Vortrag dar, welcher das Konzept des Bildungscontrollings in der Interpretation von Walter Schöni (2006) darstellte. Schöni versucht der Mehrdeutigkeit, der Konzeptheterogenität und den als mangelhaft beurteilten Grundlagen des Bildungscontrollings zu begegnen und das begriffliche sowie methodische Dickicht zu ordnen.

Mit seinem „Handbuch Bildungscontrolling – Steuerung von Bildungsprozessen in Unternehmen und Bildungsinstitutionen" soll sich im Folgenden auseinandergesetzt werden (vgl. Schöni 2006). Dabei soll keine Buchrezension geschaffen werden, es sollen vielmehr im Ausschnitt die im Vortrag behandelten Abschnitte reflektiert dargestellt und im Spiegel von Sekundärliteratur bewertet werden.

Dazu wird zuerst der Begriff „Bildungscontrolling" von seiner semantischen Seite her untersucht und Definitionen gegenüber gestellt. Im nächsten Schritt soll das Konzept von Schöni (2006) beschrieben werden dem sich eine Reflektion durch andere Autoren anschließt.

Im abschließenden Fazit muss dann die Frage beantwortet werden, ob es sich bei der Propagierung von „Bildungscontrolling" um den Versuch des Berufsstandes der Bildungsfachleute handelt, die eigene Domäne mit modischen Etiketten zukunftsfähig zu machen.

2. Konzeptionelle Einordnung und Definition

Was ist eigentlich Bildungscontrolling? Dieser Frage nachzugehen dient ein Blick in das Handbuch der Berufsbildungsforschung. Dort heißt es:

„Bildungscontrolling intendiert ursprünglich, betriebliche Weiterbildungsmaßnahmen mittels betriebswirtschaftlicher Kennzahlen zu beschreiben und mit Hilfe dieser, betriebliche Bildungsprozesse zu steuern" (Kurz 2006, S.430f).

Es sollen also maßgeblich Effektivität und Effizienz von Bildungs- und Qualifizierungsangeboten empirisch nachgewiesen werden um der Unternehmensführung Argumente für oder gegen Bildungsmaßnahmen zu liefern bwz. diese generell zu bewerten.

Eine grundsätzliche Problematik ergibt sich aus dem semantischen Zusammenhang der Wortpaarung von *Bildung* und *Controlling*. Während der Begriff „Bildung" klassischerweise einem humanistischen Verständnis nach mit der Erzeugung und Entfaltung individueller Kompetenzen verbunden wird, erzeugt „Controlling" im betrieblichen Kontext die Assoziation maximaler Nutzung von vorhandenem Humankapital über Kontrollprozesse. Eine scheinbare Unvereinbarkeit von Betriebswirtschaft, Controlling und Management auf der einen, und Pädagogik, Bildung und Subjektbezug auf der anderen Seite, lässt ein Konstrukt wie Bildungscontrolling damit zunächst dissonant erscheinen (vgl. Heinsen, Vollmer 2007, S.1).

Eine Gesamtherleitung beider Begriffe soll an dieser Stelle nicht geleistet werden, es muss jedoch der scheinbare Widerspruch insofern aufgelöst werden, als das Bildungscontrolling je nach methodischem Zugang zwar kontrovers diskutiert wird aber in betrieblicher Praxis längst, des praktischen Handlungsinteresses wegen, genutzt wird. Bildungscontrolling ist primär nicht wissenschaftsinduziert entstanden, sondern wurde dort entwickelt, wo der möglichst kostengünstige Einsatz und die schnelle Verfügbarkeit von Daten für die anschließenden Bewertungen in und für die Unternehmensführung im Vordergrund standen (vgl. van Buer 2006, S.436f).

Insgesamt betrachtet gibt es kein einheitliches Konzept von Bildungscontrolling, vielmehr herrscht Heterogenität von Modellen und Konzepten denen auch jeweils individuell kritisch begegnet wird.

Van Buer teilt in zwei Bereiche ein: 1) Einerseits diejenigen mit primär *wirtschaftswissenschaftlichem, betriebswirtschaftlichem* Schwerpunkt, was zu einem starken Bezug zu formal quantifizierbaren Kennzahlensystemen führt. Hier wird versucht eine empirisch gesicherte Abbildung von Kausalität darzustellen. Bemängelt werden an diesen Konzepten ungenügende wissenschaftliche Standards sowie fehlerhafte Urteile über Wechselwirkungsstrukturen beruhend auf fehlerhafter Nutzung oder Überschätzung von empirischen Methoden.

2) Der zweite Bereich fasst die primär *erziehungswissenschaftlichen* Konzepte, welche ihren Schwerpunkt in der betrieblichen Aus- und Weiterbildung sowie in der Erwachsenenpädagogik sehen. Im Vordergrund steht hier nicht ökonomische Effizienz sondern die Frage nach Modellen von Organisation sowie Funktionszyklen von Weiterbildung inklusive der oft nur partiellen Evaluation (vgl. van Buer 2006, S.437).

Schöni stellt in der aktuellen Diskurslandschaft ebenfalls eine Dualität der Zugänge zum Konstrukt „Bildungscontrolling" fest und konstatiert einen managementorientierten auf der einen und einen bildungsprozessorientierten Einstieg auf der anderen Seite, beide mit jeweils spezifischen konzeptuellen und messmethodischen Paradigmen (vgl. Schöni 2006, S.20). Sein Ansatz ist nun ein integratives Konzept zu schaffen, welches beide Zugänge zu einem systemischen, prozessbezogenen und managementorientierten Konzept verbindet und sich sowohl sozial- als auch wirtschaftswissenschaftlicher Methoden bedient.

„Der Controlling-Ansatz muss offen konzipiert sein, damit Referenzmodelle, Mess-größen und Methoden aus unterschiedlichen Forschungstraditionen aufgenommen werden können" (Schöni 2006, S.20.)

3. Bildungscontrolling

Zur Darstellung des Konzeptes von Schöni reicht der Umfang dieser Arbeit kaum aus, immerhin ist sein Konzept in Form eines Handbuches mit entsprechendem Um-fang erschienen (vgl. Schöni 2006). Die wesentlichen Abschnitte der Einleitung des Buches, welche die Basisliteratur des Seminars darstellte, sind im ersten Kapitel (1)eine kurze Abbildung des wissenschaftlichen Diskurses, (2)eine eher unübersicht-liche und in Teilen wenig aussagekräftige Sammlung von Studien zum Einsatz von Bildungscontrolling sowie (3)eine Prognose Schönis zur Zukunft von Bildungscon-trolling. Im zweiten Kapitel führt der Autor ausführlich in das Thema ein und be-ginnt (1)mit der Erörterung von Begriff und Konzept des Bildungscontrollings, macht Ausführungen zum (2)Gegenstand des Bildungscontrollings, behandelt (3)operative und strategische Aufgaben des Bildungscontrollings um dann schließ-lich (4)den Controlling Zyklus in seinen Abläufen und Akteuren zu erklären. Ab-schließend betrachtet Schöni (5)das Zusammenspiel von Bildungsarbeit und Bil-dungscontrolling sowie (6)andere Steuerungsansätze in der Bildung.

Nicht willkürlich sondern dem begrenzten Rahmen geschuldet muss eine Auswahl für die folgende Darstellung getroffen werden; es soll dies, da am lohnendsten für eine kurze Betrachtung, der s.g. *Controlling-Zyklus* sein (vgl. Schöni 2006, S.41).

3.1 Der Controlling-Zyklus nach Schöni

Die erste Erkenntnis zum Bildungscontrolling im Spiegel eines zyklischen Ablaufes ist der Umstand, dass Bildungscontrolling begriffen wird als regulärer Teil eines Be-triebes. Demnach soll es ein stetig ablaufender Vorgang sein, dessen Aufgabe die Erfassung, Aufbereitung und Auswertung von Schlüsselinformationen zum Bil-dungsprozess ist. Weiterhin soll die Durchführung auf regelmäßiger Ebene nicht al-lein Aufgabe von Bildungsfachleuten innerhalb einer Organisation sein, sondern alle Beteiligten, wie Ausbildungsleitung, Trainer, Teilnehmer oder auch Führungskräfte, integrieren. Der Informationsfluss von den Bildungsorten zu den Stellen für Aufbe-reitung, Analyse und Berichterstattung als auch der Fluss der Analyseresultate zu

einem definierten Kreis von Entscheidungsträgern soll dabei grundsätzlich gewähr-
leistet sein, damit von einem Bildungscontrolling im Sinne Schönis gesprochen werden kann (vgl. Schöni 2006, S.41). Das heißt, es müssen für einen funktionierenden
Controlling-Zyklus, die Teilnehmer, in erster Linie aber die Initiatoren von Bildungsmaßnahmen sowie Führungspersonal, Vorgaben und Ziele der Maßnahmen
kennen um mit präzise festgelegten Parametern, Kennzahlen, Indikatoren und Beur-
teilungskriterien umgehen zu können. Die mit Hilfe aller sachdienlichen Wissen-
schaften gewonnenen Informationen werden dann verarbeitet und, dem zyklischen
System entsprechend, wieder mit den Vorgaben und Zielen abgeglichen. Die Folge
kann eine strategische oder operative Anpassung ebenjener Ziele oder auch der
Messgrößen sein. In jedem Fall aber sollen die Erkenntnisse aus einem Prozess die
Referenzdaten für Steuerungsmöglichkeiten liefern (vgl. Schöni 2006, S.41).

Konkret werden in dem Handbuch sechs einzelne Schritte des Bildungscontrollings
beschrieben (siehe Abb.1). Wie
später an anderen Konzepten zu
zeigen sein wird, orientiert sich
auch dieses an einem prozessualen
Abgleich von Soll-Ist Zustand (in
der Abbildung Schritte 2-4), bestimmt Prozesse zur Förderung des
gewünschten Soll-Zustandes und
erfasst schon währenddessen Daten, welche nach der Aufbereitung
mit den Zielvorgaben abgeglichen
werden, um daraus wieder einen
Soll-Ist Unterschied zu kondensie-
ren.

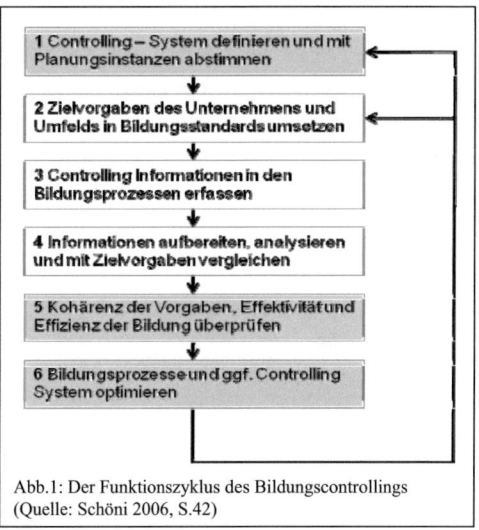

Abb.1: Der Funktionszyklus des Bildungscontrollings
(Quelle: Schöni 2006, S.42)

Auf strategischer Ebene (Schritte 1, 5 und 6) wird in einem von da an kontinuierlich
immer wiederkehrenden Ablauf, das System definiert, welches gemäß Planungs-
instanz in der Lage sein soll, den Soll-Zustand zu erreichen. Hier wird bestimmt,
welche Form von Bildungsprozessen überhaupt in Frage kommt. Nach den Phasen
2,3 und 4 wird dieses System hinterfragt und die Effektivität und Effizienz an geeig-
neten Kennzahlen gemessen. Dieser Schritt beinhaltet wohl auch den meisten Spiel-
raum um Kritik anzusetzen, fragt man, wie die Ergebnisse von Bildungsprozessen in

Kennzahlen zur Effektivitätsbestimmung umgemünzt werden sollen. Letztlich soll aber genau das geschehen, um im letzten Schritt, vor einem neuen Turnus, die Bildungsprozesse an sich aber auch das Controllings-System zu optimieren (vgl. Schöni 2006, S.41ff).

Diesen eher technischen Aspekten von Bildungscontrolling, der Frage nach dem *wie*, folgt eine kurze Betrachtung des *warum*, also weshalb Bildungscontrolling nur zyklisch erfolgreich funktionieren kann, wenn es nicht ausschließlich bürokratisch durchgesetzt, sondern auch bei den Adressaten verankert wird. Ziele und Messgrößen stellen auch für die Datenlieferanten Informationen von Interesse dar, sind diese Daten doch mitentscheidend für berufliche und oft auch persönliche Zukunft. Hier sowohl Datenlieferanten als auch Datenempfängern möglichst transparent in die einzelnen Abschnitte des Funktionszyklus Einblick zu gewähren helfe, so Schöni, eine individuelle Bereitschaft zu fördern die Bildungsmaßnahmen motivierter zu unterstützen (vgl. Schöni 2006, S.42).

Generell ist der vorgestellte Zyklus als Grundsatzform zu verstehen, die den Ebenen gerecht angewandt werden müsse. So könne beispielsweise eine Bildungsabteilung in einem Unternehmen fördern, dass jede Organisationseinheit bereichsspezifische Messgrößen einführt, welche den spezifischen Maßnahmen vor Ort individuell gerecht wird. Dies soll im Idealfall soweit herunter gebrochen werden, dass nicht nur Abteilungen sondern auch einzelne Mitarbeitende an der Festlegung von Messgrößen und Standards (nicht zuletzt natürlich auch der Bildungsmaßnahme) beteiligt werden. So sollen die erforderlichen Ziele und Vorgaben, gemessen eben mit jenen Standards, als erreichbar bzw. als beeinflussbar eingeschätzt werden. Diese eher motivationalen Aspekte verknüpft Schöni mit dem Controlling Aspekt, indem er darauf hinweist, dass auf diese Weise ein Controlling-Denken auch außerhalb der Zentrale erreicht würde. Dabei würden weniger die lückenlose Informationsgewinnung und Steuerung über Personalmanagement im Vordergrund stehen als die Selbststeuerung beruflicher Weiterentwicklung durch mündige Individuen und Teams (vgl. Schöni 2006, S.42f).

Gegen die betriebsinterne Perspektive stellt der Autor dann die Sicht von außen in Form des Bildungsanbieters. Auch für ihn kann Bildungscontrolling nützlich sein, den Hauptpunkt aber, die zyklische Implementierung eines Prozesses und wiederkehrende Neubewertung- und Ausrichtung, kann der Anbieter nur schwer umsetzten, wenn nach Ablauf einer angebotenen Maßnahme das Vertragsverhältnis beendet wird. Außerdem kann die Überprüfung von Effektivität und Effizienz der Bildung, die auch im Arbeitsprozess überprüft werden muss (Stichwort Transfer), nur abgebildet werden, wenn die Unternehmung dem Bildungsanbieter dahingehend Einblick in die eigenen Arbeitsabläufe gewährt. Lösungen für diese Problematik sind nach Schöni oft pragmatisch, gehen aber zu Lasten einer Systematisierung. Das Problem, hier noch mehr als bei betriebsinternem Bildungscontrolling, ist der Erfolgsnachweis der Bildung (vgl. Schöni 2006, S.43).

3.2 Reflektion durch andere Autoren

Bildungscontrolling wird, wie bereits in der Einleitung erwähnt, immer häufiger im wissenschaftlichen Diskurs aber auch in pragmatischen Ratgebern für den betrieblichen Alltag erwähnt und als Etikett genutzt. Bildungscontrolling findet Beachtung durch Institutionen wie z.B. das Bundesinstitut für Berufsbildung, das Bundesministerium des Innern (das Bildungscontrolling in der Bundesverwaltung einsetzen will) und es gibt einen deutschen Fachkongress für Bildungscontrolling der bereits zum 7. Mal, zuletzt im September 2009, tagte (vgl. Beicht, Krekel 2004; Bundesakademie für öffentliche Verwaltung 2008; Hornung 2009). Rotering-Steinberg (2006) schreibt über Bildungscontrolling, als eine Form von Evaluation:

„Auch das Etikett *Bildungscontrolling* wird weder in Literatur noch in der Praxis eindeutig und vor allem nicht einheitlich verwendet. Vielmehr werden -je nach Fokus- unterschiedliche Bedeutungsschwerpunkte umfasst, z.B.: Evaluation, Erfolgscontrolling, Personal(entwicklungs)controlling, kennzahlengestütztes Weiterbildungscontrolling, Qualitätscontrolling, Lehrtransfercontrolling und Kosten-Nutzen-Analyse." (Roterin-Steinberg 2006, S.225).

Je nachdem welche Perspektive genutzt wird, finden sich dementsprechend unterschiedliche Schwerpunkte in der Konzeptbeschreibung. Im weitesten Sinne aber wird Bildungscontrolling als eine Kontrolle der Bildungsmaßnahmen in Institutionen, Betrieben und Organisationen verstanden wobei das Spezifische, im Gegenzug zu anderen Controlling oder Evaluationsvorgängen, in der Betrachtung des Prozesses von einer ökonomischen und einer pädagogischen Seite besteht (vgl. Roterin-Steinberg 2006, S.226).

Controlling in der Weiterbildung findet darüber hinaus schon länger Anwendung. Merk (1998) führt hier den Begriff des *Bildungserfolgscontrolling* an, was den Gesamtprozess des Wirkungsmanagements bezeichnen soll (vgl. Merk 1998, S.370f).

Dargestellt wird hier ein Kontroll- und Wirkungsmanagement in der Weiterbildung, das von betriebswirtschaftlichen und pädagogischen Ansätzen aus betrachtet wird. Im Mittelpunkt einer genauen, hier aber nicht näher zu erörternden Systematik werden Organisation, Ziele, Inhalte, Methoden und Kontext evaluiert um die Planung und Durchführung von Weiterbildung zu unterstützen (vgl. Merk 1998, S371ff).

Um noch ein vergleichbares Konzept zum Funktionszyklus des Bildungscontrollings zu bringen sei abschließend auf den idealtypischen Weiterbildungsprozess, beschrieben von Schwaab (2002), verwiesen. Ihm zufolge besteht der typische Weiterbildungsprozess aus: 1.Problemanalyse, 2.Bildungsbedarfsanalyse, 3.Zielfestlegung, 4.Planung & Konzeption, 5.Vorbereitung, 6.Durchführung, 7.Efolgskontrolle und 8.Transferüberprüfung, welche dann wieder in die Problemanalyse überleitet. Mit Ausnahme der ausdrücklichen Betrachtung aus ökonomischer Perspektive und dem Erstellen von Kennzahlen sind die Parallelen zum Prozess des Bildungscontrollings erkennbar (vgl. Schwaab 2002, S.20).

4. Fazit

In der Kürze der Ausarbeitung liegt das Problem einer gerechten Betrachtung. Schönis Konzept, als Ausgangslage, bietet die Möglichkeit einer ausführlichen Betrachtung von Bildungscontrolling. Der wesentliche Kritikpunkt dabei ist wohl die unterstellte, neue Etikettierung eines bereits bestehenden Konzeptes. Was mit der Darstellung von Bildungscontrolling aus der Perspektive anderer Autoren nur kurz angerissen wurde und nach Belieben erweitert werden könnte, zeigt, wie vielfältig Betrachtungen auf dem Gebiet der Kontrolle von Weiterbildung bereits sind. Unter Konzepten wie Weiterbildungsmanagement, Bildungsmanagement, Betriebliches Bildungsmanagement o.ä. werden Vorgänge gefasst, die nach gängigen Definitionen auch Bildungscontrolling genannt werden könnten, Schönis Konzept macht hier keine Ausnahme. Einige Autoren sind sogar geneigt zu fragen, was denn eigentlich nicht Controlling sei (vgl. Landsberg nach Schwaab 2002, S.26).

Von den inhaltlichen Überschneidungen einmal abgesehen, also der Frage ob Bildungscontrolling „alter Wein in neuen Schläuchen" ist, kommt der Frage Bedeutung zu, ob sich pädagogische und betriebswirtschaftliche Perspektiven überhaupt zu einem Konzept vereinen lassen. Während dem Pädagogischen, der Weiterbildung per se, immer etwas Positives zuerkannt wird, der Bildung des Individuums wegen, ist Controlling für viele Menschen ein erschreckendes Wort, das nach Kontrolle, nach

Überwachung bis hin zur Denunziation und Bestrafung klingt (vgl. Kappler 2006, S.10). Hier ist Schönis Ansatz, ein integrales Konstrukt zu schaffen, BWL und Pädagogik zu vereinen, schon allein aus dem Grund positiv zu bewerten, als dass Organisationen wegen eingeschränkter Budgets Rechtfertigungsdruck in Bezug auf Weiterbildungsmaßnahmen immer schon hatten und haben werden. Dementsprechend suchen sie Zahlen, um ökonomische Entscheidungen zu treffen und die Schaffung eines Konzeptes um dies zu leisten ist nur logisch und pragmatisch.

Abschließend lässt sich Schönis Konzept in der Kürze der Arbeit nur kurz anreißen und kaum fair abschließend bewerten. In Phasen entsteht der Eindruck, dass altes nicht neu erfunden, sondern nur neu arrangiert wurde und dass konzeptuell eine theoretisch wissenschaftliche Herleitung nicht weit genug geführt wurde. Nichtsdestotrotz versucht Schöni, in Anlehnung an bereits real durchgeführte Vorgänge in Unternehmen und Institutionen, Ordnungsarbeit zu leisten und der Forderung von Institutionen und Wirtschaft nach Kennzahlen für den Wert von Bildung wissenschaftlich zu begegnen. Eine in Kürze erscheinende neue Auflage von Schönis Handbuch zu Bildungscontrolling (voraussichtlich Ende 2009/ Anfang 2010) schafft vielleicht einen umfassenderen theoretischen Rahmen, trennt klarer zwischen den wissenschaftlichen Disziplinen und ist doch ernst zu nehmen als neues/ altes Konzept auf dem Bildungsmarkt.

5. Quellen

Beicht, Ursula; Krekel, Elisabeth M. (2004): Bildungscontrolling in kleineren und mittleren Betrieben. Online im Internet: AVL: URL: <http://www.bibb.de/de/limpact13247.htm> (Stand 2004, Letzter Abruf 10.12.2009)

Bundesakademie für öffentliche Verwaltung im Bundesministerium des Innern Projektgruppe Bildungscontrolling (Hrsg., 2008): Bildungscontrolling in der Bundesverwaltung – Abschlussbericht. Online im Internet: AVL: URL: <http://www.bakoev.bund.de/nn_14886/SharedDocs/Downloads/PG__BC/Abschluss bericht,templateId=raw,property=publicationFile.pdf/Abschlussbericht.pdf> (Stand 2008, Letzter Abruf 10.12.2009)

Grote, Sven (2009): Transfer sichern - Personalentwicklung als Infotainment oder Beitrag zum Unternehmenserfolg in schwierigen Zeiten: die wichtigsten Ansatzpunkte für HR-Experten. Online im Internet: AVL: URL: <http://www.bildungs-controlling.com/content/e999/e1338/PERSONAL_BC_09_2009.pdf> (Stand 2009, Letzter Abruf 25.11.2009)

Hornung, Stefanie (Hrsg., 2009): 7. Fachkongress für Bildungscontrolling - Weiterbildung neu bewerten. Online im Internet: AVL: URL: <http://www.bildungs-controlling.com/content/e999/e1291/Weiterbildungneubewerten.pdf> (Stand 2009, Letzter Abruf 10.12.2009)

6. Literaturverzeichnis

Becker, Manfred (2005): Systematische Personalentwicklung – Planung, Steuerung und Kontrolle im Funktionszyklus, Stuttgart.

Behrmann, Detlef (2006): Reflexives Bildungsmanagement – Pädagogische Perspektiven und managementtheoretische Implikationen einer strategischen und entwicklungsorientierten Gestaltung von Transformationsprozessen in Schule und Weiterbildung, Frankfurt a.M.

Dehnbostel, Peter (2008): Berufliche Weiterbildung – Grundlagen aus arbeitnehmerorientierter Sicht, Berlin.

Heinsen, Julia; Vollmer, Melanie (2007): Bildungscontrolling und Transfersicherung – Überblick, Einordnung und Ergebnisse einer empirischen Untersuchung von Erwachsenenbildung und Wirtschaft, Saarbrücken.

Kappler, Ekkehard (2006): Controlling – Eine Einführung für Bildungseinrichtungen und andere Dienstleistungsorganisationen, Münster.

Kellner, Herbert J. (2006): Value of Investment – Neue Evaluierungsmethoden für Personalentwicklung und Bildungscontrolling, Hamburg.

Kurz, Sabine (2006): Outputorientierung in der Qualitätsentwicklung. In: Rauner, Felix (Hrsg., 2006): Handbuch Berufsbildungsforschung, 2. aktualisierte Auflage, Bielefeld.

Merk, Richard (1998): Weiterbildungsmanagement – Bildung erfolgreich und innovativ managen, 2., überarbeitete Auflage, Berlin.

Rotering-Steinberg, Sigrid (2006): Evaluation und Bildungscontrolling als professionelle Handlungsfelder für BildungsmanagerInnen. In: Gütl, Brigitte; Orthey, Frank Michael; Laske, Stephan (Hrsg., 2006): Bildungsmanagement – Differenzen bilden zwischen System und Umwelt, München.

Schöni, Walter (2006): Handbuch Bildungscontrolling – Steuerung von Bildungsprozessen in Unternehmen und Bildungsinstitutionen, Zürich.

Van Buer, Jürgen (2006): Bildungscontrolling. In: Rauner, Felix (Hrsg., 2006): Handbuch Berufsbildungsforschung, 2. aktualisierte Auflage, Bielefeld.

.